Richard Deiss

Aalweber und Zitronenjette

77

Städtische Originale in Ost- und Norddeutschland und ihre Denkmäler

Impressum

Autor: Richard Deiss
Fotografien/Cover: Richard Deiss/siehe Quellennachweis

Kontakt: richard.deiss@gmail.com

Verlag: BoD · Books on Demand GmbH,
Überseering 33, 22297 Hamburg,
bod@bod.de

Druck: Libri Plureos GmbH,
Friedensallee 273, 22763 Hamburg

ISBN: 978-3-7597-7700-3

Fünfte Auflage 2025, Originalausgabe

Bibliografische Information der Deutschen Nationalbibliothek
Die Deutsche Nationalbibliothek verzeichnet diese Publikation in der Deutschen Nationalbibliografie; detaillierte bibliografische Daten sind im Internet über http://dnb.d-nb.de abrufbar

Inhalt

Gedenktafel in Berlin-Köpenick

Vorwort

Ich bin ein Städte-Vielreisender und habe alleine in Deutschland bereits 2017 Städte besucht. Bei diesen vielen Städtereisen stieß ich immer wieder auf interessante Personendenkmäler, darunter auch Denkmäler für städtische Originale. Im Sommer 2022 fasste ich den Entschluss, die 77 interessantesten Denkmäler für städtische Originale in einem kleinen Taschenbuch darzustellen. Im Herbst 2022 unternahm ich noch einige kleinere Reisen, um Lücken zu schließen und so konnte ich im Oktober 2022 einen ersten Band veröffentlichen, der zwei Hamburger Originale im Titel führte und ganz Deutschland abdeckte. Im Laufe der Zeit sammelten sich durch weitere Städtereisen zusätzliche Originale-Denkmäler an und ich musste das Buch in zwei Regionalbände aufspalten, um jeden Band einigermaßen kompakt zu halten. Mittlerweile sind es durch zusätzlich gefundene Originale vier Bände geworden, plus einen Europaband. Die fünfte Auflage der ursprünglichen unter diesem Titel publizierten Gesamtdarstellung enthält neue Denkmale, konzentriert sich jedoch nunmehr auf Nord- und Ostdeutschland (die letzte Auflage enthielt zusätzlich Nordhessen und Thüringen). Die vorliegende Zusammenstellung zeigt meist Bronzedenkmäler und Gedenktafeln, aber auch Gräber und Steindenkmäler, manchmal als Teil von Brunnenanlagen.

Ich freue mich, wenn das Buch interessierte LeserInnen findet, die es lehrreich und unterhaltsam finden. Rückmeldungen und Kommentare sind willkommen. Vielleicht werden LeserInnen auch angeregt, die eine oder andere Figur selbst in Augenschein zu nehmen. Danken möchte ich Jörg Berkes (Langen) für Hinweise und Korrekturen.

Viel Spaß beim Lesen und dem Betrachten der Denkmäler.

Isny, im April 2025
Richard Deiss

Einleitung zur 5. Auflage

Seit der Veröffentlichung der vierten Auflage im August 2024 bin ich auf meinen Reisen auf weitere Denkmäler für lokale Originale gestoßen. davon habe ich in die 5. Auflage neu aufgenommen. Um Platz zu schaffen, konzentriert sich die Neuauflage auf Nord-, Mittel- und Ostdeutschland, mit Ausnahme von Thüringen. Denn für die Originale-Denkmäler in den anderen Regionen gibt es jetzt drei weitere Bände. In der 5. Auflage sind folgende **10 Originale** neu hinzugekommen:

Bundesland	Neue Originale fünfte Auflage
Berlin	Carl Bolle, Rolf S. Eden, Henriette Lustig, Adolf Rautmann, Claire Waldoff,
Brandenburg	Hans Clauert (Trebbin), Emma Pufahl (Königs Wusterhausen)
Sachsen-Anhalt	Gustav Nagel (Arendsee)
Niedersachsen	Tante Mieze (Westerstede), Bine Gaßmann (Göttingen)

Im Buch sind die Originale-Denkmäler folgendermaßen durch Symbole gekennzeichnet:

🗎	Originale, zu denen es einen Wikipedia-Artikel gibt
★	Besonders interessante Originale
☺	Besonders humorvolle Originale
✋	Sozial engagierte Originale
O	Originale mit nur wenigen biographischen Infos (eventuell halb-fiktiv oder fiktiv)

1. Berlin

In Berlin gibt es im Verhältnis zur Größe der Stadt eine geringere Zahl von Originalen, die durch ein Denkmal geehrt werden, als etwa in Hamburg oder Köln. Das ist auch der Tatsache geschuldet, dass das Zentrum der Stadt bis 1989 in der DDR lag. Während in Westdeutschland, auch um Innenstädte behaglicher und schöner zu machen und oft auf Initiative von engagierten Bürgern, Denkmäler für städtische Originale aufgestellt wurden, fehlte eine solche Bewegung im Osten. Dort galten neue Denkmäler meist sozialistischen Größen. Eine Ausnahme ist das Nikolaiviertel in Berlin, welches wieder aufgebaut wurde (mit historisierten Plattenbauten) und eine traditionelle historische Atmosphäre bekommen sollte. Am Eingang des Viertels stellte man 1987 eine Figurengruppe des Bildhauers Gerhard Thieme auf, welche Originale zeigte, wie den Eckensteher Nante, eine Marktfrau und einen Schusterjungen. Nach der Wende kamen im Osten der Stadt zusätzliche Denkmäler für Originale hinzu, zum Beispiel in Köpenick.

Eckensteher Nante (Ferdinand Stumpf, 1803-?) 🗎

Ferdinand Stumpf war ein Berliner Dienstmann, welcher in der Innenstadt seinen Standort hatte und dort auf Gelegenheitsarbeit wartete. Der Witz, mit welchem er, auf Arbeit wartend, das kommentierte, was um ihn herum geschah, machte ihn zum Berliner Original. Bald jedoch erlangte er auch Theaterruhm, vor allem durch Friedrich Beckmanns Volksstück **Eckensteher Nante**, welches ab 1833 in Berlin aufgeführt wurde.

Bildhauer: Gerhard Thieme (1928-2018), Bronze, 1987
Standort: Mitte, Spandauer Str./ Ecke Am Nußbaum

Heinrich Zille (1858-1929) 📄

Der in Radeburg bei Dresden geborene Maler, Grafiker und Fotograf **Heinrich Zille**, auch *Pinselheinrich* genannt, zeichnete sich durch eine lokalpatriotische, sozialkritische Wiedergabe des Berliner Volkslebens aus. Im Nikolaiviertel wurde zu seinem 150. Geburtstag 2008 ein Denkmal für ihn aufgestellt. Mit Hut und Zigarre zeigt es ihn als kauziges Berliner Original.

Bildhauer: Torsten Stegmann (2008, Kalkstein)
Standdort: Poststr. (Nikolaiviertel)

Hauptmann v. Köpenick (Friedrich Voigt, 1849-1922) 📄

Der Schuhmacher **Friedrich Wilhelm Voigt** ging durch eine Aufsehen erregende Besetzung des Rathauses der Stadt Cöpenick (heute als Köpenick Stadtteil von Berlin) in die Geschichte ein. Als Hauptmann verkleidet, hatte er Soldaten überzeugt, in das Rathaus einzudringen, den Bürgermeister zu verhaften und die Stadtkasse zu rauben. Dies Ereignis hat zum Begriff *Köpenickiade* geführt und es wurde literarisch unter anderem in Theaterstücken verarbeitet.

Bildhauer: Spartan Babajan (*1933), Bronze, 1996
Denkmalstandort: Köpenicker Rathaus, Alt Köpenick/Rosenstr.

Eiserner Gustav (Gustav Harmann, 1859-1938) 📄 ★

Der in Magdeburg geborenen **Gustav Hartmann** war Sohn eines Kutschers und gründete 1885 in Berlin-Wannsee ein eigenes Fuhrunternehmen. Bekannt wurde seine Fahrt mit einer Droschke und begleitet von einem Reporter von Berlin nach Paris im Jahre 1928, mit welcher er gegen die Gefährdung des Droschkengewerbes durch die steigende Zahl von Kraftfahrzeugen protestieren wollte.

Bildhauer: Gerhard Rommel (1934-2014), Bronze, 1998
Denkmalstandort: Mitte Potsdamer Str., Ecke Schöneberger Ufer

Harfenjule (Luise Nordmann, 1829-1911) 📄

Luise Nordmann, geborene Schulz, hatte ein schweres, von Not geprägtes Leben. Von Geburt an war sie blind, konnte jedoch nach einer Augenoperation mit einem Auge etwas sehen. Ihr Auskommen verdiente sie mit Singen in Berliner Hinterhöfen. Ihre Begabung wurde dabei entdeckt und sie bekam immerhin Gesangsunterricht. 1965 heiratete sie einen Puppenspieler und trat mit ihm auf. Doch ihr Mann und ihre Kinder starben schon bald und 1871 war sie wieder auf sich allein gestellt, lebte in einer Kellerwohnung und verdiente ihren Lebensunterhalt mit Harfenspiel und Gesang in Hinterhöfen. Mit Harfe und schwarzem abgewetztem Strohhut fiel sie auf und der Volksmund zitierte sie noch lange mit

„Ick bin die Harfenjule mit jroßem Pompadur,
in janz Berlin und Rixdorf spiel ick die Harfe nur!"

Ihr Grab wurde im Zweiten Weltkrieg zerstört, doch 1969 setzte eine Privatinitiative auf dem Luther-Friedhof einen Gedenkstein durch (der fälschlicherweise das Beisetzungsdatum zeigt, das Todesdatum war der 8.1.1911)

Standort: Lutherkirchhof, Berlin-Lankwitz

Agnes Kraus (Agnes Krause, 1911-1995) 🖹

Die Schauspielerin **Agnes Kraus** hieß eigentlich **Irmgard Friederike Agnes Krause**. Bereits in den 1930er Jahren stand sie für eine UFA-Produktion vor der Kamera. Doch erst nach dem Zweiten Weltkrieg sollte sie in DDR-Produktionen Karriere machen und erspielte sich in Fernsehfilmen noch in reiferen Jahren in Fernsehserien wie ,Florentiner' und ,Familienalbum' den Titel einer Volksschauspielerin. Von 1972 bis 1995 wohnte sie in der Mellenseestraße im Osten Berlins. Auf einem in der Nähe befindlichen Weg ging sie oft spazieren. Dort wurde zu ihrem 100. Geburtstag im Jahre 2011 ein Gedenkstein aufgestellt.

Standort: Weg entlang des Kraatzgrabens, Nähe Mellenseestraße

Rolf S. Eden (1930-2022) 🖹

Der Nachtclubbesitzer **Rolf Shimon Eden** wurde häufig als ‚*Letzter deutscher Playboy*' bezeichnet. In der Öffentlichkeit, unter anderem als Talkshowgast, trat er in einem weißen Anzug auf. Als erfolgreicher Unternehmer (Grabstein: ‚Immer nur Glück gehabt') kein typisches (Armer Schlucker-) Original, wurde er in Nachrufen doch als solches bezeichnet. Eden wurde als Sohn einer jüdischen Familie in Berlin geboren, 1933 floh seine Familie nach Palästina. Anfang der 1950er Jahre lebte er in Paris, kehrte aber 1956 nach Berlin zurück, wo er 1957 den Eden-Salon gründete, der Beginn seiner Nachtclub-Karriere. Nach 1990 trennte er sich von seinen Clubs, 2002 veräußerte er mit Big Eden seine letzte Diskothek.

Standort: Friedhof Heerstraße

Claire Waldoff (1884-1957) 📄

Als **Clara Wortmann** und elftes von sechzehn Kindern einer Gast-wirtsfamilie in Gelsenkirchen geboren, war Waldoff eine Klein-kunst-Interpretin, die sich selbst als Volkssängerin verstand. Für ihre im Berliner Dialekt gesungenen Chansons wurde sie bekannt. Lieder wie ‚Wer schmeißt denn da mit Lehm' gehören dazu und obwohl sie aus dem Ruhrgebiet stammt, gilt sie deshalb als Berli-ner Original. Claire Waldoff lebte in einer lesbischen Beziehung, war mit Kurt Tucholsky und Heinrich Zille befreundet, der eben-falls als Berliner Original gilt.

Künstler: Jacob Reinhardt (1986, Bronze)
Standort: Friedrichstraße 107, Vorplatz Friedrichstadtpalast

Carl Bolle (1832-1910) 📄

Der als sechstes Kind eines Holz- und Steinhändlers in der brandenburgischen Provinz geborene **Carl Bolle** war Gründer der Berliner Meierei C. Bolle, einem Einzelhandelsunternehmen für Milch und Milchprodukte. Die Milchverkäufer bimmelten auf den in Berlin berühmten Bolle-Milchwagen immer mit Handglocken. So entstand der Spitzname ‚Bimmel-Bolle'. Auch die Berliner Redewendung „Preise wie bei Bolle", dürfte auf sein Unternehmen zurückgehen. Der Kehrreim des Berliner Liedes ‚Bolle reiste jüngst zu Pfingsten' *„Aber dennoch hat sich Bolle janz köstlich amüsiert"* ist jedoch älter als das Unternehmen. Als erfolgreicher Unternehmer ist Bolle eigentlich kein typisches Original im Sinne eines armen Schluckers oder kauzigen Typens. Durch den Spitznamen und die mit Bolle zusammenhängenden Redewendungen wird er dennoch oft zu den Berliner Originalen gerechnet.

Standort: Alt Moabit 98

Henriette Lustig (1808-1888) 📄

Als **Marie Frederique Adelaide Bock** geboren hatte ‚Mutter Lustig' ein arbeitsreiches Leben. 17 Kinder soll sie geboren haben und zusätzlich war sie eine Unternehmerin. 1835 gründete sie in Köpenick an der Spree die erste Wäscherei. Der Kundenkreis wuchs im Laufe der Jahre so sehr, dass Pferdegespanne notwendig waren, die Wäsche zu transportieren. Doch technische Neuerungen in der Wäschepflege und zunehmende Konkurrenz durch andere Betriebe machten es Lustig immer schwieriger, mit anderen Firmen mitzuhalten. Dennoch führte ihre Tochter und später eine Enkelin den Betrieb weiter. Text Gedenktafel am Alten Markt 4:

> In diesem Haus lebte und arbeitete die Wäscherin
> **Henriette Lustig** (2.2.1808-23.11.1988), ‚Mutter Lustig'
> Ab 1835 betrieb sie die erste Lohnwäscherei und wurde damit zur Begründerin der Wäscherei als Gewerbe und Dienstleistung. In der Folgezeit entwickelte sich Köpenick zu ‚Waschküche' Berlins.

Künstler: Karl-Günter Möpert (1982, Stein)
Standort: Müggelheimer Str. Schloßplatz Köpenick

Adolf Rautmann (‚Onkel Pelle', 1869-1937) 🗎

Der Berliner Zirkuskünstler und Schausteller Hermann Adolf
Rautmann wurde im Volksmund **‚Onkel Pelle'** 
genannt und galt als Berliner Original. Vom
Havelland kam Rautmann als Jugendlicher nach
Berlin und schloss sich dem Circus Renz an.
Später trat er im Circus Krone als Manegen-
clown auf. Vor Kindern gab er den *Onkel Pelle.*
Zu diesem Spitznamen kam er, weil er sehr dünn
war und scheinbar nur aus Haut und Knochen bestand. An einem
Platz an der Müllerstraße in Berlin-Wedding erinnert eine
Gedenktafel daran, dass er hier 1924 drei Pappeln pflanzte.

Standort: Müllerstraße 147

2. Brandenburg

Brandenburg (Stadt)

Fritze Bollmann (Johann Friedr. Bollmann, 1852-1901) 📄

In der Stadt Brandenburg steht ein Brunnen, gekrönt von der Figur des unfreiwilligen Stadt-Originals **Fritze Bollmann** (1852-1901). **Johann Friedrich Andreas Bollmann** war ein Barbier, welcher beim Angeln einmal ins Wasser fiel, was zu einem entsprechenden Lied führte, welches an der Brunnenfassung wiedergegeben wird:

Nur die Angel war gerettet. Fritze Bollmann der versuff.
Und seitdem jeht der Fritze Bollmann auf'n Beetzesee nicht mehr ruff.

Bildhauer: Carl Lühnsdorf (1879-1955), Kalkstein, 1924
Standort: Hauptstr. 22

Emma Pufahl (1907-1994)

1954 zogen Emma Pufahl und ihr Mann Adolf Pufahl ins Schleusenwärterhäuschen nach Königs Wusterhausen. Als Adolf 1965 stirbt übernimmt sie die Arbeit an der Schleuse. 1972, mit 65 Jahren macht sie ihren Berufsabschluss als Schleusenwärterin. Sie drückte bei ihrer Arbeit oft ein Auge zu und galt als Original.

Standort: Schloßstraße 5

1954 ziehen Emma und Adolf Pufahl ins Schleusenwärterhäuschen nach Königs Wusterhausen. Er wird hier der neue Schleusenwärter und sie seine rechte Hand. 1965 stirbt Adolf Pufahl, nun übernimmt die Witwe die Arbeit an der Schleuse allein und bleibt im Schleusenwärterhaus wohnen. Im Erdgeschoss gibt es drei Wohnräume, eine Küche und einen Dienstraum. Die Toilette befindet sich draußen und wird auch von anderen Wasseramtsmitarbeitern benutzt. Zum Haus gehört ein großer Garten, in dem Emma Pufahl Pflanzen heranzieht, die sie auf staatliche Anordnung auf die Grünflächen an der Schleuse pflanzt. Sie wird als Ungelernte eingestuft, demzufolge ist ihr Stundenlohn sehr gering. Das veranlasst sie, ihren Berufsabschluss nachzuholen. Als einzige Frau unter 24 Männern wird sie 1972, mittlerweile 65-jährig, Facharbeiterin für Wasserbautechnik und kann sich offiziell Schleusenwärterin nennen. Sie bekommt 1974 einen neuen Arbeitsvertrag und nun den Stundenlohn von 2,01 Mark.

Emma Pufahl ist ein Original. 30 Jahre schleust sie die Boote durch die Stadtschleuse, die ab 1977 elektrisch betrieben wird. Und obwohl außerhalb der Öffnungszeiten nur geschleust werden darf, wenn mindestens sechs Boote auf »Reede« liegen, drückt sie oft ein Auge zu und lässt die Skipper passieren.

Emma Pufahl stirbt 1994. Der letzte Schleusenwärter verlässt das Haus 2006. Seitdem ist es unbewohnt und seine Zukunft somit ungewiss.

Marie Wilhelmine Paasch (Rika Paaschen, 1837-1916) ☺

Eine Tafel an der Holzfigur informiert:

Marie Dorothea Frederike Wilhelmine Paasch (1837-1916)
Das Leben machte aus „Rika Paaschen", wie sie genannt wurde, ein Stadtoriginal. Dafür sorgte sie mit Mutterwitz und Schlagfertigkeit, aber auch durch ihre Einfachheit, ihre etwas einfältige Art und ihre instinktive Raffinesse „*Wat in d' Jugend nich is, dat kriegt man alls in d' Öller.*" Mit diesem Satz verteidigte sie nicht nur nihren bart. Sie traute sich im Alter einfach alles. Einem Richter redete sie sich mit ihrem bekannten Spruch heraus: „*Hest nüscht sehn, kast nüsch seggen*". Die Dinge, die sie brauchte, holte sie sich von Menschen auf Jubiläen, Hochzeiten, Geburtstagen und auch auf Beerdigungen. Für diese Gaben ließ sie einen „Blomenpott" da, brachte Menschen zum Schmunzeln und Lachen und gewann so die Herzen der Prenzlauer.

Künstler: Stefan Teschke (2020, Holz)
Standort: Ende des Kirchwegs, Ecke Uckerwiek

Mutter Birnbaum (Wilhelmine Birnbaum, Anfang 20. Jh)

Wilhelmine Birnbaum war eine alteingesessene Sprembergerin, die im Ort Obst und Gemüse verkaufte. Ihren Stammplatz hatte sie von 1904-1932 dort, wo 2003 das Denkmal für sie aufgestellt wurde. Dort liest man: ‚Zu jeder Jahreszeit bot sie hier am Platz ihre Ware feil.' Mutter Birnbaum war stehts freundlich zu den Kunden und hatte meist einen lockeren Spruch auf den Lippen und galt deshalb als lokales Original.

Standort: Reiner-Scheudeck-Platz (2003, Bronze)

Nachtwächter Kulke (19. Jahrhundert) ○

Kulke war ein wohl fiktiver Nachtwächter, der in Spremberg mit Uniform, Laterne, Hellebarde und Blashorn unterwegs war. Er trat auch zur Verbreitung von Neuigkeiten bei und war auf seinen Rundgängen auch nicht einem Gläschen abgeneigt, zu dem er ab und zu eingeladen wurde. Der Lebenskünstler und Spaßvogel Richard Löser (1900-1968) gab in den 1950er Jahren auf Spremberger Heimatfesten den Nachtwächter Kulke.

Standort: Reiner-Scheudeck-Platz (2003, Bronze)

Räuber Lauermann (Heinrich Oswald Lauermann) ○

Der Räuberhauptmann **Heinrich Oswald Lauermann** geht auf eine Romanfigur des Schriftstellers Victor von Falk zurück. Der bescheidene Lauermann verliebt sich in die Tochter eines reichen Tuchkaufmanns. Diese wird standesgemäß mit einem Grafen verheiratet. In einem Duell erschießt Lauermann den Grafen, muss in die Heide flüchten und gründet mit einem Wegelagerer eine Räuberbande. Einen Räuber Lauermann gab es in Spremberg wohl nicht, doch Teile der Handlung könnten sich so ähnlich im Ort abgespielt haben.

Standort: Reiner-Scheudeck-Platz

Schelm Harri Piel (Heinrich Günter) ☺

Der Spremberger Heinrich Günter machte sich ab 1915 als **Harri Piel** einen Namen. Er führte zahlreiche Streiche durch, wie das Balancieren auf einem Brückengeländer oder eine Fahrradtour auf einem Kühlturm und bezahlte die Strafe der Polizei mit Pfennigen, die er mit einer Schubkarre und großer Anteilnahme der Spremberger Bevölkerung durch die Stadt zum Polizeirevier fuhr und in der Wachstube auf dem Boden auskippte. Sein Spitzname wurde eventuell durch den Düsseldorfer Filmschauspieler Harry Piel inspiriert.

Standort: Reiner-Scheudeck-Platz

Hans Clauert (1506-1566) 📄

Der in Trebbin geborene **Hans Clauert** gilt als sächsischer Eulenspiegel. Der gelernte Schlosser betätigte sich später als Viehhändler. Beim Karten- und Glückspiel verlor er jedoch immer wieder einen großen Teil seiner Einnahmen, was seiner Ehefrau Margarete gar nicht gefiel. So verklagte sie ihn vor dem Kurfürsten. Dieser bestellte ihn zu sich nach Berlin und dort fiel er bald durch seinen Witz auf. So wurde er oft zu Festen auf das kurfürstliche Schloss eingeladen und galt bald auch als ‚Berliner Eulenspiegel'. Der Stadtschreiber Bartolomäus Krüger publizierte schließlich 1587 den Schwankroman ‚*Die Streiche von Hans Clauert'*. In seiner Geburtsstadt Trebbin erinnern heute Bronzefiguren an Clauert und seine Streiche. Zum Beispiel an einem Brunnen, wo Clauert gebratene Fische mit einer Pfanne aus dem Wasser schöpft.

Künstler: Christoph Gramberg (2005)
Standort: Marktplatz

3. Mecklenburg-Vorpommern

Im Tourismusbundesland Mecklenburg-Vorpommern sind seit den 1990er Jahren 6 Originale-Denkmäler aufgestellt worden. Die Dichte ist jetzt höher als im Bundesdurchschnitt.

Schwerin

August Felten (1852-1931) (📄) ☺

August Felten war Fischer, Soldat, Binnenschiffer und Gleisarbeiter. Letzteres führte zu einem zerquetschten Knie. Weil er nur eine niedrige Rente bekam, war er trotz kaputtem linken Bein bald als Straßenfeger tätig und verrichtete seine Arbeit akkurat mit einem selbst gebastelten Reisigbesen. Mit Schlagfertigkeit und trockenem Humor brachte **Vadder** bzw. **Oll Felten** die Schweriner zum Schmunzeln. 2013 wurde in der Schweriner Innenstadt die von der Sparkasse Mecklenburg-Vorpommern spendierte Bronzefigur *August Felten find' 'nen Groschen* aufgestellt. Auf dem Groschen ist zu lesen: *Sich regen bringt Segen.*

Bildhauer: Bernd Streiter, Perleberg (*1962), Bronze, 2013
Standort: Marienplatz

Bertha Klingberg (1898-2005) 📄 ★

Bertha Klingberg war eine Schweriner Blumenbinderin, die drei Jahrhunderte erlebte. Geboren 1898 in Hamburg, zog sie mit 14 Jahren für eine Blumenbinderlehre nach Rostock. Nach dem Tod ihres Mannes im 1. Weltkrieg ging sie nach Schwerin. Dort erlebte sie das Ende des Kaiserreiches, die Weimarer Republik, das Dritte Reich, die DDR und die Wende. 1990, mit 92 Jahren, sammelte sie 17 000 Unterschriften, um Schwerin zur Landeshauptstadt zu machen. Dafür bekam sie die Ehrenbürgerschaft. Ihr Traum war, auf der BUGA 2009 in Schwerin Blumen zu verkaufen. Sie starb im November 2005, einen Monat nach ihrem 107. Geburtstag.

Bildhauer: Bernd Streiter (*1962), Bronze, 2010
Standort: Burgsee (Bertha-Klingberg-Platz)

Spielmannopa (Michael Tryanowski, 1919-2018) 📄

Der in Mecklenburg geborenen **Tryanowski** verlor bereits mit vier Jahren seine Mutter und lebte daraufhin bei seinem russischen Pflegevater, welcher ihm eine Ziehharmonika schenkte. Am Konservatorium Schwerin bekam er Anfang der 1950er Jahre eine musikalische Ausbildung. Er spielte fortan auf Hochzeiten, in Tanzkapellen und war mit dem Zirkus unterwegs, als Straßenmusiker vor allem in norddeutschen Städten. In seinen späten Jahren stand er mit Akkordeon meist auf dem Rostocker Universitätsplatz. Da keiner seinen Namen kannte, nannte ihn die Bevölkerung **Spielmannopa**. Im Jahre 2020 wurde an seinem Lieblingsplatz ein Bronzedenkmal aufgestellt.

Bildhauer: Wolfgang Friedrich (*1947), Bronze, 2020
Standort: Universitätsplatz

Guste Trahn (1885-1969) ★

Das Grabower Original **Guste Trahn** war eine wackere Kleinunternehmerin. In der schweren Nachkriegszeit und im Sozialismus, dem sie nicht viel abgewinnen konnte, fand sie eine ökonomische Nische im Sammeln und im Verkauf von Pferdeäpfeln. Und sie verteidigte dieses Monopol auch resolut. An Sonntagen gönnte sie sich einen Konditoreibesuch in Ludwigslust und lief dafür 7 km in die Nachbarstadt. Ihr Denkmalfinger zeigt in diese Richtung.

Bildhauer: Bernd Streiter, *1962 (2018, Bronze)
Standort: Rehberger Brücke

Otto Pingel (1907-1982) (📄)

Otto Pingel war der letzte Straßenfeger der Kleinstadt Grimmen (Vorpommern). Bei seiner Arbeit war er immer sehr pingelig. Bis in die 1970er Jahre hat er in der Stadt die Straßen gefegt und auch die Glocken geläutet. Hochzeitspaare ließen sich gern mit ihm fotografieren. Die Grimmener Hobbykünstlerin Gisela Krüger hat 2009 eine überlebensgroße Bronzefigur Pingels geschaffen.

Bildhauerin: Gisela Krüger (2009, Bronze)
Standort: Norderhinterstr., vor dem Wasserturm

Fidel-Schultz (Walter Schultz, 1928-2005)

Der fröhliche Walter Schultz, genannt **Fidel-Schulz**, zog mit einem Akkordeon von Kneipe zu Kneipe und trat auch bei Feiern auf und gab mit näselnder Stimme Lieder zum Besten, die zu Ueckermünde passten.

Künstler: Christian Paschold (2010, Bronze)
Standort: Am Alten Bollwerk (vor Tourist Information)

4. Sachsen-Anhalt

Die Verteilung von Originale-Denkmälern ist in den östlichen Bundesländern heute sehr ungleichmäßig. In Thüringen und Sachsen gibt es nur wenige Originale-Denkmäler. In Sachsen-Anhalt gab es bereits zu DDR-Zeiten Denkmäler für 7 städtische Originale, drei neue nach der Wende kamen hinzu und so hat das Bundesland mit Rheinland-Pfalz heute die höchste Dichte in Deutschland. Das unten gezeigte Originale-Denkmal in Magdeburg von Eberhard Roßdeutscher zeigt allerdings Originale, die in der Bevölkerung heute kaum mehr bekannt sind.

Bildhauer: Eberhard Roßdeutscher (1921.1980), Sandstein, 1976
Standort: Stadtmauer unterhalb der Magdalenenkapelle

Sechs Magdeburger Originale (um 1900) 🖹

Zu den sechs 1976 vom Bildhauer **Roßdeutscher** an der Stadtmauer dargestellten Magdeburger Originalen ist nur wenig bekannt. Es sollen Figuren aus dem frühen 20. Jahrhundert gewesen
sein. An den Figuren sind zumindest die Namen der Originale angebracht. Es sind dies (von oben links nach rechts unten):

Blutappelsinie, eine Marktfrau mit roten Pausbäckchen
Fliejentutenheinrich, der Fliegentütenverkäufer Heinrich
Feuerkäfer, eine Frau mit langen roten Haaren; dem Alkohol zu-
geneigt, hatte sie stets eine Vorratsflasche in der Unterrocktasche.
Lusebenecke, Julius Benecke, der mit Hunden unter einer Brücke
lebte, von Läusen geplagt wurde und sich dauernd kratzen musste.
Schlackaffe, (†1904) er verkaufte von Frühjahr bis Herbst in der
Elbe gefangene Krebse, versorgte Zoohandlungen mit Insekten und
Reptilien und in seiner Tasche steckten oft auch Fische, z.B. Aale.
Affenvater, ein Leierkastenmann, der einen tanzenden Affen hatte.

Gustaf Nagel (1874-1952) 📄

War Gustav Nagel (Nagel war Rechtschreib-Vereinfacher und schrieb sich Gustaf) der erste deutsche Hippie? Der Naturmensch lehnte schon Ende des 19. Jahrhunderts das Tragen von Schuhen ab, kleidete sich 'wie Jesus' , ließ die Haare lang wachsen, ernährte sich vegetarisch von Rohkost und lebte zeitweise in einer Erdhöhle. Mit seinen Vorträgen zu einer neuen Lebensweise stieß er auf Interesse und war finanziell erfolgreich, wurde zum Guru und baute am Arendsee einen Tempel. Die Nazis steckten ihn jedoch ins KZ Dachau und danach in die Nervenheilanstalt Uchtspringe. Er überlebte diese Zeit. Doch auch die DDR konnte mit dem Exzentriker nichts anfangen und steckte ihn wieder in die Anstalt Uchtspringe, aus der er nicht mehr lebend herauskam.

Künstlerin: Katrin Pannicke (2010, Bronze)
Standort: Friedensstraße 54-60

Christoph Hobusch (1811/1819-1866) 📄 ☺

Christoph Gottlieb Leopold **Hobusch** war ein Gelegenheitsarbeiter und Dessauer Original des 19. Jahrhunderts. Sein Witz, seine Respektlosigkeit vor Obrigkeiten und seine Schlagfertigkeit, später zu **Hobuschiaden** ausgeschmückt und erhöht, machten ihn legendär und verhalfen ihm zum Beinamen ‚*Dessauer Eulenspiegel*‘. Der Fabrikant Max Schulz brachte ab 1920 einen Hobusch-Likör heraus und finanzierte einen Grabstein. 1992 wurde von der Steinmetzfirma Melchert ein neuer Grabstein spendiert. Darauf ist zu lesen:

‚*Viel belacht, wenig geacht, arm an Besitz, reich an Witz.*‘

Bildhauer: Steinmetzfirma Melchert, Sandstein, 1995
Standort: Eckhaus Askanische Str./Steinstraße

Zither-Reinhold (Reinhold Lohse, 1878-1964) 📄

Durch eine Typhuserkrankung in jungen Jahren, die sein Gehirn schädigte, blieb **Reinhold Lohse** zeitlebens auf der Entwicklungsstufe eines Kindes und musste die Schule nach der dritten Klasse verlassen. Seinen Lebensunterhalt verdiente er sich als Straßenmusiker in Halle, erst mit einem Leierkasten, dann mit einer Zither. Durch seine Freundlichkeit wurde er zu einem beliebten Stadtoriginal, **Zither-Reinhold** genannt. Am Denkmal für Zither Reinhold in Halle ist das Zitat zu lesen *'Wer den Flügelschlag der Erde nicht empfindet, der bleibt Kreatur dieser Welt'*.

Bildhauer: Wolfgang Dreysse, Sömmerda (*1947), Bronze, 2001
Standort: Leipziger Str./Ecke Große Brauhausstr.

Hans Steinhoff (1944-2016)

Der gelernte Koch **Hans Steinhoff** galt als Urgestein des Brocken-ortes Schierke und als beliebter Wirt. Bereits zum Ende der DDR im Spätherbst 1989, als auch das Sperrgebiet im Harz aufgelöst wurde, beantragte er eine Gewerbegenehmigung für den Betrieb eines Imbisses im Brocken-Bahnhofsgebäude. Von 1990 bis zu seinem Tod im Jahre 2016 war er dort Wirt. Sein Sohn Daniel führte später das Erbe weiter. Seit 2016 erinnert eine Gedenktafel am Bahnhofsgebäude an Hans Steinhoff.

Standort: Bahnstation Brockengipfel

Wasserjette (Henriette Schulze, 1835-1900) (🖹)

Alles, was man über das Zerbster Original **Wasserjette** wissen muss, z.B. dass sie mit einem Fass auf einem Handwagen die Residenzstadt Zerbst mit Wasser versorgte, findet sich an einer Infotafel am Bronzedenkmal an der Alten Brücke über die Stadtnuthe. Als eines der wenigen Originale-Denkmale der DDR-Zeit wurde die von Joachim Sendler 1984 geschaffene Steinfigur 2020 durch Vandalismus zerstört und 2021 durch eine identisch gestaltete Bronzefigur ersetzt.

Bildhauer: Original: Joachim Sendler (1934-2005), Stein, 1984
Standdort: Alte Brücke (Innenstadt)

5. Sachsen

Seifert's Oscar (Oscar Seifert, 1861-1932) 📄 ☺

Der Leipziger Schausteller und fliegende Händler Oscar Seifert, der früh seine Eltern durch Cholera verlor und selbst sieben Kinder hatte, wurde unter anderem durch seine flotten Sprüche zum Leipziger Original. Ein Beispiel:
„Gindersch, gooft Gämme, 's gomm laus'sche Zeiden!"
(„Kinder, kauft Kämme, es kommen lausige Zeiten!").

Standort: Leipziger Südfriedhof

Lene Voigt (1891-1962) 📄

Die Schriftstellerin und Mundartdichterin **Helene Alma ‚Lene'
Voigt** gilt Leipziger Original. Etliche ihrer Publikationen erschie-
nen in sächsischer Mundart, so ‚Säk'sche Glassigger' (1925) oder
‚Säk'sches Gemiese' (1928). An ihrem ehemaligen Wohnhaus
Schletterstraße 18 in Leipzig ist auf einer Voigt-Gedenktafel zu le-
sen:

*„Doch jedes Been, das mir gestellt, das bracht mich weiter uff dr
Welt. Nu grade."*

Standort: Leipziger Südfriedhof

Blumme-August (Johann Christoph Wagler, 1836-1918)

Johann Wagler war lange in Gerbereien und Apotheken tätig, ging dann auf Wanderschaft, bevor er als 50jähriger für eine Gärtnerei Blumen, aber auch Ansichtskarten verkaufte. Diese bot er in Plauener Gasstätten als **Blumme-August** auf originelle Weise an, mit einem mit Federn und bunten Bildern geschmückten Hut auf dem Kopf und einem bereits sehr ramponierten Blumenkorb. Noch mit 76 Jahren verkaufte er Blumen in der Stadt, eine Tätigkeit, die er aufgeben musste, als ihn ein Wagen anfuhr und kurze Zeit später ein Hund ihn anfiel und seine linke Gesichtshälfte zerfleischte.

Künstler: Hannes Schulze (2000, Bronze)
Standort: Straßberger Straße/Ecke Oberer Graben

6. Hamburg

Hamburg ist eine Stadt mit überdurchschnittlich vielen Originalen und entsprechenden Denkmälern. Vor allem im Stadtteil Neustadt, in St.Pauli sowie in St. Georg (ein Beispiel der Aalweber unten), sind diese zu finden. Oft sind Texte in Plattdeutsch angebracht.

Aalweber (Johann Jürgen Weber, 1780-1855) 📄

Der in Bremerhaven-Lehe geborene **Johann Jürgen Weber** war ein Hamburger Bürstenbinder und Aalverkäufer. Vormittags verkaufte er auf der Straße Bürsten, nachmittags und abends in Restaurants geräucherte Aale. Er war für seine originellen Verkaufssprüche bekannt und fiel durch seine Kleidung auf, eine weiße Hose kombiniert mit einer roten Weste. Obwohl er ein erfolgreicher Verkäufer war, starb er in einem Armenhaus.
Zu seinem Gedenken wurde 2011 auf Initiative und finanziert durch den Architekten Dieter Grohs an einem Restaurant in Hamburg St-Georg ein Stahlrelief mit seinen Umrissen angebracht.

Standort: Koppel 2 (St. Georg), Kneipe Max&Consorten

Zitronenjette (Henriette Johanne Müller, 1841-1916) 📄 ★

Henriette Johanne Marie Müller stammte ursprünglich aus Dessau, war nur 1.30 m groß und ab ihrem 13. Lebensjahr in Hamburg als fliegende Zitronenhändlerin tätig. Als Hamburger Original war sie stadtbekannt, jedoch wurde sie wegen zunehmendem Alkoholismus 1894 in eine Irrenanstalt eingeliefert. 1986 wurde zu ihrem Gedenken in Michel-Nähe ein Denkmal aufgestellt. Am Denkmal erinnert eine Metalltafel an ihr trauriges Leben:

> ‚Dien Leben war suur as de Zitroonen,
> sall sick dat Erinnern an die lohnen?
> Dien Schiksol wiest op all de Lüüd,
> dor de dat Glück het gor keen Tiet.‘

Bildhauer: Hansjörg Wagner (1930-2013), Bronze, 1986
Standort: Ludwig Erhard Str./Ecke Krayenkamp

Vogeljette (Lydia Adelheid Hellenbrecht, 1844-1920) 📄

An einer Metalltafel im Garten der Frauen ist zu lesen:

Vogeljette (Lydia Adelheid Hellenbrecht)
13.12.1844 -30.1.1920 Hamburg
Gewandet in einem langen schwarzen Kleid, das Gesicht durch einen
hauteng getragenen weißen Schleier fast verdeckt, auf dem Kopf ein
Häubchen, traf man die Vogeljette auf St. Georgs Plätzen an, wo sie
die Vögel mit Brotwürfeln fütterte, die sie zuvor in einen mitge-
brachten, mit Wasser gefüllten Eimer gestippt hatte. Viele empfanden
Vogeljettes Verhalten als verrückt und meinten, Vogeljette glaube, ihr
verstorbener Mann sei als Spatz wiedergeboren worden, Im Alter von
30 Jahren hatte Vogeljette den 20 Jahre älteren Schreiber Johann
Hellenbrecht geheiratet. Neun Jahre später starb er an Cholera. Seitdem ging Vogeljette in Trauerkleidung und fütterte Vögel aus Tier-
liebe. Damit glaubte sie, dem Andenken ihres verstorbenen Mannes
gerecht zu werden, da auch er sehr tierlieb gewesen war. Sie kannte
die Nachrede der Leute, ließ sich aber nicht beirren.

Standort: Friedhof Ohlsdorf, Garten der Frauen

Wasserträger Hummel (Johann W. Bentz, 1787-1854) 📄

Johann Wilhelm Bentz war ein Wasserträger in der Hamburger Neustadt. Als ihn Kinder mit seinem Spitznamen ‚Hummel, Hummel' riefen, soll er mit ‚Mors, Mors' geantwortet haben. Mors ist im Hamburger Platt der Hintern und die beiden Wörter stehen für ‚Ihr könnt mich mal'. So entstand der angeblich Hamburger Spruch: ‚*Hummel, Hummel, Mors, Mors.*' Durch die Gründung der Hamburger Wasserwerke im Jahre 1848 wurde Hummel arbeitslos und später musste das Armenhaus seine Beerdigung bezahlen. Hummel/der Wasserträger ist weiterhin eine wichtige Symbolfigur Hamburgs. 2003 wurde in der Hamburger Innenstadt über 100 Wasserträger aufgestellt und viele davon sind noch heute zu sehen.

Bildhauer: Richard E. Kuöhl (1880-1961), Süßwasserkalk, 1938
Standort: Neustadt, Platz Rademachergang/Breiter Gang

Heidi Kabel (1914-2010) 📄

Vor dem beim Hamburger Hauptbahnhof gelegenen Ohnsorg-Theater, wo viele Stücke auf Plattdeutsch aufgeführt werden, steht seit 2011 eine Statue der bekanntesten Volksschauspielerin dieses Theaters, **Heidi Kabel**. Heidi Kabel wurde in der Hamburger Innenstadt geboren, direkt gegenüber dem damaligen Sitz des späteren Ohnsorg-Theaters und stand mehr als 60 Jahre auf der Bühne. Sie spielte auf Hochdeutsch und in Platt und galt als Hamburger Original.

Bildhauerin: Inka Uzoma (1947-2016), Bronze, 2011
Standort: Bieberhaus, Heidi-Kabel-Platz 1 (Nähe Hauptbahnhof)

Domenica (Domenica Niehoff, 1945-2009) 📄

Die in Köln geborene **Domenica Anita Niehoff** war zeitweise die berühmteste Prostituierte Deutschlands. Sie war in vielen Talkshows zu sehen und setzte sich für die Legalisierung der Prostitution ein. Bereits mit 17 lebte sie mit dem Bordellbesitzer Kuno Niehoff zusammen, den sie später heiratete. Im Jahre 1972 erschoss sich ihr Mann vor ihren Augen. Danach arbeitete sie als Prostituierte im Hamburger Vergnügungsviertel St. Pauli. Ab 1980 hatte sie ihr eigenes Domina-Studio.

Standort: Friedhof Ohlsdorf, Garten der Frauen

Hanne Kleine (Hans-Joachim Kleine 1932-2011)

Hanne Kleine war Mittelgewichtsboxer der DDR-Nationalmann-
schaft und ab 1974 Wirt der an der Reeperbahn von ihm gegründe-
ten legendären Bo-
xerkneipe ‚zur
Ritze'. Die Größen
des Hamburger Rot-
lichtmilieus gingen
dort ein und aus. In
den 1990er Jahren
war sie die Lieb-
lingskneipe von Udo

Lindenberg. Auch sonst war einiges los. 1981 wurde in der Ritze
ein Zuhälter vom Barhocker geschossen und 2006 erhängte sich ein
Boxer an einem Sandsackhaken. Als Hanne Klein 2011 starb, nah-
men mehr als 400 Trauergäste auf dem Ohlsdorfer Friedhof Ab-
schied von der Kiez-Legende. Erst übernahm seine Witwe Kirsten
Kleine, später Carsten Marek die legendäre Kneipe.

Standort: Reeperbahn 140

Jan Fedder (1955-2019) 📄

Der in Hamburg als Sohn eines Kneipenbesitzers und einer Tänze-
rin geborene Schauspie-
ler und Synchronsprecher
Jan Fedder wurde durch
die Darstellung norddeut-
scher Charaktere, vor al-
lem des Polizisten Dirk
Matthies in der Fernseh-
serie *Großstadtrevier* po-
pulär. Fedder starb kurz
vor seinem 65. Geburts-
tag. Die Trauerfeier fand
aus seinen Wunsch hin
im Hamburger Michel

statt, wo er im Knabenchor gesungen hatte und getauft, konfirmiert
und getraut worden war. Vor dem Michel erinnert eine Bodenplatte
an den populären Schauspieler, der auch als Hamburger Original
gesehen wird.

Standort: Kirchplatz vor St. Michaelis, Engl. Planke 1

7. Schleswig-Holstein

In Schleswig-Holstein ist Rendsburg die Hauptstadt der Originale und der entsprechenden Bronzedenkmäler, während in Kiel und Lübeck nur jeweils ein Original mit einem Denkmal bedacht wurde. An der Rendsburger Sparkasse sind mit Stutentrine und Markgraf gleich zwei Originale in Bronze verewigt. An einer Fassade ist zusätzlich die Stuten Hanna zu sehen, zu der es jedoch keine biographischen Angaben gibt, wohl eine fiktive Figur, die 1957 aufgestellt wurde und in die Nachkriegszeit passt.

Stuten Hanna (Rendsburg)
To Stuten Hanna käm'n se all de Dummen un de Klooken. Se stoppt sik all de Backen vull mit Stuten un mit Kooken. Un wenn ik all de Tied bedenk to satt ward alles Trachten. De Hunger is een good Geschenk um dägli Brod to achten

Bildhauer: Hinrich Jepsen (1890-1972), Bronze, 1957
Standort: Altes Rathaus, Stegen/An der Marienkirche

Onkel Ludwig (Ludwig Goedecke, 1901-1967) (📄) 🖐

Der gelernte Schiffbauer **Ludwig Goedecke** war nach dem Zweiten Weltkrieg Parkplatzwächter auf dem Kieler Alten Markt. Durch seine freundliche Art und seine Hilfsbereitschaft, Leuten aus Notlagen zu helfen, war er allseits beliebt. Leider wurde er im Februar 1967 an seiner Wohnungstür Opfer eines Raubüberfalls. Er starb an den Folgen seiner Verletzungen. Kieler Bürger sammelten daraufhin Spenden, um 1967 eine reliefartige Gedenktafel am Alten Markt anzubringen.

Künstler. Waldemar Gerwin-Cranz (1901-1976), 1967, Bronze
Standort: Alter Markt 7

Otto Timmermann (1916-2008)

Otto Timmermann war Küster in Lübeck Travemünde und daneben Mundartdichter und Erzähler. Nach seinem Volksschulabschluss war er erst als Laufbursche einer Bäckerei tätig und nahm erst nach dem Zweiten Weltkrieg und nach Stationen in Mecklenburg in Travemünde die Stellung eines Küsters an. In Travemünde war er fester Bestandteil des gesellschaftlichen Lebens und galt dort als Original. Noch zu Lebzeiten wurde ihm durch eine Bronzefigur an einem Brunnen ein Denkmal gesetzt.

Künstler: Leo Wirth (2002, Bronze)
Standort: Kirchenstraße/Jahrmarktstraße

Hein Lüth (Heinrich Lüth, 1850-Anfang 20. Jh.) ○

Der 1850 in Lütjenburg geborene **Hein Lüth** machte erst eine Schumacher-Lehre und wurde 1890 zum Nachtwächter und Polizeisergeanten berufen. Auf so nette Weise sorgte er auf den Straßen Lütjenburgs für Recht und Ordnung, dass er in der Stadt in Erinnerung blieb und man sogar ein Denkmal für ihn aufstellte. Heute geben Stadtführer mit alter Polizeiuniform den Hein Lüth.

Künstler: Karlheinz Goedtke (1994, Bronze)
Standort: Markt 12

Stutentrine (1865-1908) u. **Markgraf** (ca. 1800 – 1850) 📄

Die **Stutentrine** (Stuten = Brötchen) war ein Rendsburger Original, ihr bürgerlicher Name ist unbekannt. Sie verkaufte auf den Altstadtstraßen Brot, nie um einen originellen Spruch verlegen.
Zu **August Friedrich Markgraf** sind kaum biographische Daten bekannt, außer, dass er von 1823-1844 Ortspolizist in Rendsburg war. Markgraf protokollierte seine Tätigkeit einschließlich der Kriminalfälle so genau, dass er zu einem Chronisten der Stadt wurde.

Bildhauerin: Frauke Wehberg (*1940, Hamburg), Bronze, 1986
Standort: Röhlingsplatz 1

8. Bremen

Bremen ist eine Stadt der Skulpturen. Das Denkmal für die vier Bremer Stadtmusikanten am Rathaus ist ein Touristenmagnet und unweit davon findet sich am Markt die Statue des Bremer Roland, ein Wahrzeichen der Stadt. In Bremen gibt es auch mehrere Stadtoriginale, für die Denkmäler aufgestellt wurden. Zusätzlich wurde ein Platz nach dem Stadtoriginal Lucie Flechtmann benannt.

Lucie Flechtmann (1850-1921) ★

Die resolute Bremer Fischhändlerin **Johanna Lucie Henriette Flechtmann**, Fisch-Luzie genannt, war nicht nur ein beliebtes Bremer Original. Sie gründete auch 1907 den Fußballverein FC Stern Bremen mit und war dessen wichtigste Finanzquelle. Deshalb gilt sie als erste Frau in Deutschland, die einen Fußballverein sponsorte. Bis an ihr Lebensende stand sie regelmäßig am Spielfeld, um ihre Mannschaft anzufeuern. Als sie nicht mehr laufen konnte, wurde sie mit einem Stuhl ans Spielfeld getragen.

Standort: Lucie-Flechtmann Platz

Heini Holtenbeen (Jürgen Heinrich Keberle, 1835-1909) 📄

Jürgen Heinrich Keberle stürzte einst als Lehrling durch eine Dachluke und trug Gehirnschäden und ein lahmes Bein davon. Obwohl er kein Holzbein hatte, wurde er später deshalb **Heini Holtenbeen** genannt. Keberle bestritt seinen Lebensunterhalt als Dienstmann und zog mit einem Handkarren, abgewetztem Mantel, Melone und Stock durch Bremen und wurde so zum Stadtoriginal, das auch für seine Sprüche bekannt war. Er lebte einige Zeit im Schnoorviertel, weshalb dort heute ein Denkmal für ihn aufgestellt ist. 1899 wurde er in ein Armenhaus eingewiesen.

Bildhauer: Claus Homfeld (1933-2019), Bronze, 1990
Standort: Wüstestätte 1, Schnoor-Viertel

Mudder Cordes (Metta Cordes, 1815-1905) 📄

Als **Metta Cordes'** Mann 1860 mit 39 Jahren an Schwindsucht starb, hatte sie fünf Kinder zu versorgen. Sie gab vier ihrer Kinder in ein Waisenhaus, behielt das jüngste und fuhr mit einem Kramwagen durch die Bremer Neustadt, um Obst und Gemüse zu verkaufen. 1860 wurde ihr von einem Arbeiter ein Hund geschenkt, der fortan den Wagen zog. Dies sorgte für Aufmerksamkeit und für lebhaften Umsatz ihrer Waren. Als der Hund 1866 starb, bekam sie einen Esel geschenkt, der nun den Wagen zog. Auch dieses Gespann sorgte für Aufmerksamkeit und Umsatz. Als der Esel 1895 starb, ging Mutter Cordes in den Ruhestand und zog zu ihrer Tochter nach Delmenhorst.

Bildhauerin: Christa Baumgärtel (*1947), Bronze, 1987
Standort: Bremen Mitte, Knochenhauerstr.

Mutter Matschuk (Käthe Matschuk, 1914-1992)

Einst saß auf der Bremerhavener Haupteinkaufsstraße eine alte Marktfrau, genannt **Mutter Matschuk,** die aus ihrem Handwagen Krabben, die hier Granat genannt werden, verkaufte. Den Handwagen zog sie täglich vom Stadtteil Lehe die 10 km an die Geeste, wo sie die Krabben direkt vom Kutter kaufte und zurück ins Zentrum Lehes. 1988 wurde den Granatfrauen in der Bremerhavener Fußgängerzone ein Denkmal gesetzt, welches nach dem Vorbild von Mutter Matschuk gestaltet wurde.

Künstler: Gerhard Olbrich (1988, Bronze)
Standort: Bürgermeister-Schmidt-Str. 9-11

Hein Mück (Heinrich Soltziem, 1895-1967) 📄 ○

Welcher realen Person das Bremerhavener Stadtoriginal **Hein Mück** und der entsprechenden Schlagerfigur entspricht, ist nicht ganz klar. Am häufigsten wird Heinrich Soltziem genannt, der 1904 nach Lehe kam, heute ein Stadtteil von Bremerhaven, um eine Lehre als Schiffszimmermann zu machen. Im Ersten Weltkrieg diente er in einem Weserfort, wo er durch sein Ziehharmonikaspiel und seinen gesunden Appetit bekannt wurde. Der Essnapf heißt im Marinejargon Muck und so kam er zu seinem Spitznamen Mück.

Standort: Bürgerpark Bremerhaven

9. Niedersachsen

9.1 Niedersachsen östlich der Weser

Bad Fallingbostel-Dorfmark

Grefel Dorjen (Dorothee Grünhagen, 1854-1939)

Dorothee Grünhagen hatte 1911 eine Hofstelle in Obereinzingen unweit vom Grefel errichtet und wurde deshalb **Grefel Dorjen** genannt. Dorjen blieb unverheiratet und führte ein Einsiedlerleben. Zu ihren Accessoires gehörten schwere Männerstiefel, eine Zigarre und eine Flinte zum Jagen. Ihr Auftreten galt als derb, aber ehrlich. Im Jahre 2001 wurde in Dorfmark ein Brunnendenkmal für sie errichtet, welches sie mit ihren liebsten Weggefährten, einer Katze und einer Ziege, zeigt.

Künstler: Kurt Tassotti, (2001, Bronze)
Standort: Dorfmarker Marktplatz, Allermannstraße

Harfen-Agnes (Agnes Schosnoski, 1866-1939) 📄
Rechen-August (August Tischler, 1882-1928) 📄 ★

Am Portal des Braunschweiger Rathauses finden sich die Profile zweier lokaler Originale. **Harfen-Agnes** war eine Bänkelsängerin. Ihre Eltern starben früh und deshalb wuchs sie in einem Erziehungsheim auf. Sie lernte weder Lesen noch Schreiben, war Epileptikerin und geistig zurückgeblieben. Eine Dienstbotenausbildung brach sie ab. Schließlich trat sie mit einem Bänkelsänger in Innenstadtkneipen auf und erlernte so dieses Metier. Sie erbte die Gitarre (Harfe genannt) ihres Begleiters, als dieser 1907 starb. Durch ihre selbst gedichteten Lieder, die sie in Braunschweig mit Gitarre vortrug, wurde sie stadtbekannt.

Rechen-August hieß eigentlich **August Luis Martin Ernst Tischler**. Aufgrund seiner mathematischen Begabung galt er schon in der Schule als Wunderkind. Die Schlosserlehre nach der Schule brach er ab und trat schließlich mit seinen Rechenkünsten und seinem außergewöhnlichen Zahlengedächtnis in Varietés und Braunschweiger Lokalen auf.

Bildhauer: Siegfried Neuenhausen , Dormagen (*1931)
Standort: Rathausportal, Bohlweg

Tee-Onkel und **Deutscher Hermann** 📄

Tee-Onkel (Alfred Kühner, 1872-1945) war Sohn eines Zigarren-fabrikanten und erst Besitzer einer Drogerie. Deren Scheitern leitete jedoch seinen Abstieg ein. Schließlich endete er als Braunschweiger Straßenhändler, der Waren aus einem Karton verkaufte und deshalb auch Kühner mit dem Pappkarton genannt wurde.

Der **Deutscher Hermann** (Julius Skasa, 1852-1927) kam ursprünglich aus Koblenz, machte eine Lehre als Schirmmacher und besuchte dann eine Unteroffiziersschule in Jülich. In der Armee brachte er es bis zum Feldwebel, wurde aber nach dem Tod eines Soldaten, den er angeblich zu verantworten hatte, entlassen. 1875 kam er nach Braunschweig, heiratete und wurde Vater von drei Mädchen. Seinen Unterhalt verdiente er als Scherenschleifer und Schirmmacher. Wohl in Reminiszenz an seine Armeezeit stolzierte er in Braunschweig auffallend mit einem mit Orden, Bändern und Ehrenzeichen voll behängten Uniformrock herum.

Standort: Foyer Städtisches Museum Braunschweig

Bine Gaßmann (1832-1909) ☺

Philippine, genannt Bine, wurde als Tochter eines Schumachers geboren. Von ihrem ersten Ehemann blieb der Name Gaßmann. Der zweite war der Hausknecht in ihrem Geschäft und weil ihr das irgendwie peinlich war, nahm sie dessen Namen nie an. Über die resolute Frau waren bald zahlreiche Anekdoten im Umlauf. Als einmal auf einem Jahrmarkt in Göttingen angebliche Menschenfresser präsentiert wurden, wollte Biene sich das genauer anschauen und wagte sich so nahe heran, dass sie gepackt und ans Gitter gezerrt wurde. Keine Hand rührte sich, ihr zu helfen, aber einer rief „Guten Appetit" und als der Schausteller mit einer Peitsche dazwischenging meinte ein anderer „ *Nu lass doch die Wilden die Biene fressen, wenn's schmeckt.*".

Standort: Ernst Honig Haus, Ecke Jüdenstr./Theaterstraße

Marktfrau **Karoline Duhnsen** (1906-2001) ★

Karoline Duhnsen fuhr bereits als junge Frau jeden Tag mit einem schweren Korb voller Fleisch- und Wurstwaren mit dem Zug von Lindhorst nach Hannover, wo sie diese Dinge in der Markthalle verkaufte. Sie arbeitete bis 1980, als sie bereits 74 Jahre alt war. Die Bronzestatue wurde noch zu ihren Lebzeiten aufgestellt, im Jahre 1999. Eine offizielle Delegation reiste mit ihr mit dem Zug von Lindhorst nach Hannover und ihr wurde eine Kutschfahrt vom Hauptbahnhof zur Markthalle spendiert.

Bildhauer: Hans-Jürgen Zimmermann (1947-2017), Bronze, 1999
Standort: Markthalle, Karmarschstr.

Schicke-Schacke (Karl Kaufmann, 1838-1907)

Schicke-Schacke hieß mit bürgerlichem Namen **Karl Kaufmann** und war ein Peiner Dienstbote ohne feste Anstellung. Das Denkmal zeigt ihn mit einer Kiepe (Korb) auf dem Rücken, leichtfüßig voranschreitend. Um ihn ranken sich viele Peiner Anekdoten. Schicke-Schacke nannte man ihn wegen seines lauten Niesens. Kinder, die an seinem Haus vorbeikamen riefen *‚Karl, snorke mal‘* und Karl schnarchte so laut, dass sie aus Spaß auseinanderliefen.

Bildhauer: Maximilian Stark (1922-1998), Bronze, 1981
Standort: Echternplatz 20

Seppchen Muthig (1872-1959)

Seppchen Muthig war der letzte noch bekannte Straßenmusikant Salzgitters, einer Stadt mit einer Tradition fahrender Musiker. Muthig zog schon in frühen Jahren von Dorf zu Dorf und sang selbsterdachte Verse, von Ziehharmonikamusik begleitet. Dabei karikierte er die Obrigkeit und galt auch dadurch als ein Stadt-Original.

Künstler: Günter Dittmann (1952-2025)
Standort: Marktstraße

Jule Johler (Henriette Juliane Johler, 1822-1910)

Henriette **Juliane Johler** (1822-1910) war als Kräuterweiblein ein lokales Original. Sie sammelte in Wald und Wiese Pilze, Beeren und Kräuter und empfahl letztere bei Krankheitsfällen, um Rat gefragt, zur Linderung. Auf dem Jule-Johler-Brunnen in Stadtoldendorf ist ein Wilhelm Raabe-Zitat(der Schriftsteller wurde im Nachbarort geboren und war mit der Stadt verbunden) zu sehen *"Es ist so viel schönes Licht in der Welt"*.

Künstler: Walter Lüchow, Sandstein
Standort: Kellerstraße 28

9.2 Niedersachsen westlich der Weser

Delmenhorst

Jan Tut (Johann Georg Christian von Seggern) 🗎

Johann Georg Christian von Seggern war Zigarrenmacher und der letzte Nachtwächter von Delmenhorst. Weil er die Stunden mithilfe eines Horns ausblies (Plattdeutsch tutete) bekam er den Spitznamen **Jan Tut**. Dem Alkohol nicht abgeneigt, war das Ausrufen der Polizeistunde in Gaststätten für ihn eine Herausforderung.

Bildhauer: Frauke Wehberg (*1940, Hamburg), Bronze, 1986
Standort: Lange Straße

Peterke (Peterke de Boer, 1886-1956)

Peterke war eine Frau aus einfachsten Verhältnissen, die ihren bescheidenen Lebensunterhalt für sich, ihre Kinder und ihre kranke Schwester als **Straßenkehrerin** in Emden verdienen musste. 1986 wurde von der Stadtsparkasse Emden eine Bronzestatue für Peterke gestiftet und vor der Sparkasse aufgestellt.

Bildhauer: Karl Ludwig Böke (1927-1996), Bronze, 1986
Standort: Große Straße

Pinsel und Think ☺

Eine Tafel am Denkmal informiert über die beiden:

> ‚Pinsel und Think' waren zwei Schelme, die um 1900 in Melle lebten und der Obrigkeit so manche Streiche spielten.
> Hier dargestellt:
> Pinsel zeigt Think seine Tasche mit vermeintlichem Diebesgut …hoffentlich wird der Gendarm eine Kontrolle vornehmen…
> Später findet tatsächlich eine Kontrolle statt. Gendarm: "Was haben Sie da in der Tasche?" Pinsel: „Dat kann ich nich seggen, ei es mi to schenierik". Gendarm: „Sind es Sachen von Wert?" Pinsel nickt. Gendarm: „Öffnen Sie die Tasche". Und dann die Blamage. Mit seiner Hand greift der königliche Gendarm in die warmen Rossäpfel.

Bildhauer: Peter Fischer Blessin (Bronze)
Standort: Starcke-Carree an der Weststraße

Adolf Heinrich Ströker (um 1820-1909) (📄)

Adolf Heinrich Ströker war der letzte Stadtschäfer Osnabrücks und galt als Stadt-Original. Noch mit 87 Jahren trieb er seine Schafe durch die Stadt auf die nahen Wiesen. Noch zu seinen Lebzeiten wurde die Kupferfigur auf dem von Lukas Memken gestalteten Schäferbrunnen ihm nachgebildet. Im Zweiten Weltkrieg wurde die Figur jedoch für Rüstungszwecke eingeschmolzen. Georg Hörnschemeyer schuf die heute noch zu sehende Nachbildung aus Sandstein.

Künstler: Lukas Memken (1904), Georg Hörnschemeyer
Standort: Rosenplatz

Kessen-Ülk und Minchen

Über das unzertrennliche Quakenbrücker Paar **Gerhard und Wilhelmine Kesse** sind nur wenige biographische Angaben verfügbar. Ihre letzten Lebensjahre verbrachten sie im städtischen Armenhaus und verdienten sich mit Korbflechten ihren mageren Lebensunterhalt. Als Hausierer gingen sie von Tür zu Tür, um ihre Ware anzupreisen. Wurden sie auf einen guten Schluck eingeladen, sagten sie nicht nein. Ülk starb 1910, Minchen 1917. Sie wurden in Sozialgräbern beigesetzt.

Bildhauer: Bonifatus Stirnberg (*1933)
Standort: Kreuzung Lange Straße-St. Antoniort-Bahnhofstraße

Straßenfeger Martin (Martin Taubenheim, 1930-1984)

An der Steinskulptur in Vechta informiert eine Metalltafel:

Die Skulptur des Künstlers Karl-Josef Dierkes zeigt den Straßenfeger Martin Taubenheim. Der Vechtaer Bevölkerung ist er als ‚Martin' in guter Erinnerung geblieben. Er war von 1959 bis zu seinem Tode im Jahre 1984 beim Bauhof der Stadtverwaltung Vechta beschäftigt. Er galt als scheu, fromm und gewissenhaft. Buchstäblich bei Tag und Nacht war ‚Martin' hier auf der Großen Straße anzutreffen, die er sorgfältig mit Kehrwagen und Besen reinigte. Durch sein Wirken wurde er zum „Original" von Vechta.

Künstler: Karl-Josef Dierkes (2000, Stein)
Standort: Große Straße

Tante Mieze (Maria Wich, 1913-2003) 🖐

Maria Wich

wurde kurz vor dem Ersten Weltkrieg im heutigen Tschechien geboren. In Westerstede wurde sie Tante Mieze genannt, arbeitete als Wäscherin und hatte auf ihrem Dreirad immer einen Wäschekorb dabei. Sie galt als Hexe und Heilerin, die Warzen verschwinden lassen konnte. Für die Behandlung von Krankheiten durfte jeder so viel bezahlen, wie er für angemessen hielt. Sie war im Ort so bekannt und geschätzt, dass zu ihren Ehren noch zu Lebzeiten (2001) eine Bronzebüste aufgestellt wurde.

Künstlerin: Gretel Heidemann (2001, Bronze)
Standort: Peterstraße 21

Oll Willm (Wilhelm Brechtezende, 1886-1966)

Wilhelm Brechtezende, **Oll Willm** genannt, war ein Botengänger und Einsiedler, der am liebsten in selbst erbauten Hütten lebte und neben seinen Ziegen und Hunden unter freiem Himmel schlief. Die Nazis rasierten ihm den Bart ab und zwangen ihn zu einer bürgerlicheren Lebensweise, aber nach dem Krieg schlief er wieder unter dem Sternenhimmel.

Bildhauer: Uwe Hantke (2006, Bronze)
Standort: Bahnhofstr. 18 (Rathaus)

Schlusswort

Ich hoffe, die kleine Sammlung von Denkmälern für städtische Originale ist für die LeserInnen unterhaltsam und anregend. Über Hinweise zu weiteren interessanten Denkmälern würde ich mich freuen. Kommentare zur bestehenden Sammlung sind ebenfalls willkommen. Am besten an:
Richard.deiss@gmail.com

In Landau/Isar gesehen.

Zum Autor

Richard Deiss stammt aus Isny im Allgäu, studierte in den 1980er Jahren in München Geografie und arbeitete ab den 1990er Jahren als Verkehrsplaner und im Bereich der Statistik. Heute lebt er in Kerkrade und Isny. Bei BoD hat er seit 2006 bereits mehr als 70 Titel publiziert, zuletzt neun Bücher zu von ihm besuchten Städten und zwei Wortspielbücher. Zurzeit arbeitet er an einer Buchreihe zu Gedenk- und Informationstafeln.
Seine Bücher sind in dieser Form ungewöhnlich und decken zudem Themengebiete ab, zu denen es bisher wenige Veröffentlichungen gibt. Die LeserInnen dürfen gespannt sein auf weitere Neuerscheinungen. Es ist ihm ein Anliegen, seine Leserschaft damit zu unterhalten, zu erstaunen und zu erheitern.

Anhang

Tabelle 1: Statistik zu den Originale-Denkmalen im Norden und Osten und im übrigen Deutschland (in den 4 Bänden)

Land	Ge-mein-den	Denk-mäler	Ori-gi-nale	Davon Frauen (%)	Denk-mäler	Origi-nale
					Pro 1 Mio Einw.	
Berlin	1	11	11	4 (36%)	1.6	1.6
Branden-burg	3	3	8	3 (38%)	1.2	2.4
Mecklen-burg-V.	6	6	6	2 (33%)	3.8	3.8
Sachsen-Anhalt	6	6	11	3 (27%)	2.3	4.5
Sachsen	2	3	3	1 (33%)	0.75	0.75
Hamburg	1	8	8	4 (50%)	4.2	4.2
Schles-wig-Hol-stein	4	5	5	1 (20%)	1.7	1.7
Bremen	2	5	5	3 (60%)	7.7	7.7
Nieder-sachsen	15	16	20	6 (33%)	1.8	2.3
Region	**42**	**68**	**77**	**27**	**2.0**	**2.7**

Bundesland	Originale	Einwohner	Pro 1 Mio
Zweiter Band (Bienenkönig und Zementgretchen) (78)			
NRW	78	17.9	4.4
Dritter Band (Knoblauchkönig und Pfefferminzje) (70)			
Rheinland-Pfalz	35	4.1	8.8
Saarland	1	1	1.0
Hessen	28	6.0	4.7
Thüringen	6	2.1	2.9
Vierter Band (Blumepeter und Taubenmarie) (38)			
Baden-Württemberg	14	11.1	1.3
Bayern	24	13.2	1.8
Deutschland	263	83	3.2

Tabelle 2. Im zweiten Band enthaltene Originale
(*‚Bienenkönig und Zementgretchen'*)

NRW (78)
Regierungsbezirk Düsseldorf (außer Ruhrgebiet) (20)
Alpen-Bönnighardt: Blumme-Fritz, **Düsseldorf**: Pastor Jääsch, Angela Spook, **Geldern**: Thei Piepenül, Marelle-Köb, Spül-Leen, Tute Mahnes, **Krefeld**: Cornelius de Greiff, **Meerbusch Lank-Latum**: Stina, Trina, Drickes, **Mönchengladbach**: Waltraud Hamraths, **Viersen**: Tien Anton, **Wesel**: Langer Heinrich, Bienenkönig, **Wülfrath**: Plantenfrau, Stin Mattes, **Wuppertal**: Husch Husch, Zuckerfritz, Tante Hanna.
Regierungsbezirk Köln, außer Stadt Köln (18)
Aachen: Lennet Kann, Bergisch Gladbach: Hexe Köbes, **Bonn**: Jan Loh, **Düren**: Ahle Wölk, Gebrüder Höhn, Laute Die, Schmecke Marie, Ricks Fraasch, Lenzens Zipperä, **Erkelenz**: Appelsbell, **Euskirchen**: Kaare Willi, **Frechen-Hücheln**: Ohm Kress, **Hürten**: Dr. Kürten, **Leverkusen**: Paulinchen, **Merzenich**: Walze Löhr, **Vettweiß**: Josef Gilles, **Villip**: Veronika Schüffelgen.
Stadt Köln (13)
Köln: Willy Millowitsch, De Lasche Nas, Orgels Palm, Fleuten Arnöldche, Jupp Schmitz, Holsteins Marie, Trude Herr, Maler Bock, Lehrer Welsch, Schnüsse Tring, Karl Küpper, Willi Ostermann, Hans Lommerzheim.
Ruhrgebiet (6)
Bochum: Tana Schanzara, **Dortmund**: Wilhelm Wenzel, **Essen**: Günni Semmler, **Gelsenkirchen**: Oma Kinski, **Oberhausen**: Pinkel, **Unna**: Nachtwächter Wilhelm
Regierungsbezirk Arnsberg (6)
Arnsberg: Butterbettchen, **Eslohe**: Pampel, **Lipppstadt**: Flöten-Ewald, **Schalksmühle**: Kiepenlisettken, **Schmallenberg**: Floigenkaspar, **Wipperfürth**: Fritz Putscher.
Regierungsbezirk Detmold (5)
Bad Lippspringe: Mechanikus, **Halle**: Haller Willem, **Herford**: Mutter Grün, Trompeten Oskar, **Gütersloh**: Güths Mariechen.
Regierungsbezirk Münster (10)
Dülmen: Natz, **Greven**: Pluggen Hiärm, **Lüdinghausen**: Stritzken, Stina Voss, **Münster**: Hermann Johann Landois, Klara Westermann, **Sassenberg**: Adam und Eva, **Stadtlohn**: Jensken de Kütte, **Warendorf**: Ferdinand Bichtler.

Tabelle 3: Im dritten Band enthaltene Originale

(‚Blumepeter und Taubenmarie')

Hessen (28)
Frankfurt: Kannix, Davidsburg, **Erbach**: Räibock, **Fulda**: Papiermännchen, **Heppenheim**: Lissebärwel, Herborn: Katzemarie, heinzche, Della, **Idstein**: Harry von de Gass, **Kassel: Ephesus und Kupille, Korbach: 5 Korbacher Originale, Schmalzes Vatter, Kronberg**: Hanna Feldmann, **Oberursel**: Milch-Nüchter, **Offenbach**: Streichholzkarlche, **Viernheim**: Linsefranz, **Wald-Michelbach**: Raubacher Jockel, **Wiesbaden**: Knoblauchkönig.

Rheinland-Pfalz (35)
Bad Kreuznach: (Brunnen:) Et Gänzje, De Debbede, Brobecks Marri, De Gulasch, Schutzmann Wiechert; **Boppard:** Schnuggel Elsje, **Cochem**: Et Seijnche, Dä Kohirte; **Eichenbach:** Bläke Fritz, **Koblenz**: Marktfrau Ringelstein, De Resche Hennerich, Spittals Adam, Dä Gummi, Pfefferminzje, **Kaiserslautern**: Brezeladam, Schachtelmännchen, **Ludwigshafen**: Helmshof Friedel, **Mainz**: Geigerfränzje, Onkel Hermann Schneider, **Mayen**: Zuckertoni; **Mülheim-Klärlich**: Maria Baulig, **Prüm**: Welle Kättchen, **Simmern**: Zementgretchen, **Trier**: Fischer Maathes, Koorscht un Kneisjen, Krons Ton, Wichshänschen, **Wittlich**: (Brunnen): Kunzen Hubertchi, Weinzen Stöffelchi, Kiesjens German, Laubachs Hanni, Kranzen Heliatchi, Mahssen Doartm, **Zweibrücken**: s' Luiche.

Saarland (1)
Neunkirchen: Eduard Senz.

Thüringen (6)
Jena: Latte, Walter Lange, Heiz à Brassard, **Nordhausen:** Pfofessor Zwanziger, der alte Ebersberg, **Suhl:** Zethe-Fritz

Tabelle 4: Im vierten Band enthaltene Originale

Baden-Württemberg (14)
Aalen: Brezga Blase und Moreau, **Achern**: Dienstmann Bolian, Becke-Alisi, **Albstadt-Ebingen**: Ludwig Spanagel, **Argenbühl**: Schuster-Michel, **Bruchsal**: Babette Ihle, **Heidelberg**: Dienstmann Muck, **Kirchzarten**: Pfaff-Salesi, **Laufenburg**: Adolf Rueb, **Mannheim**: Blumepeter, **Stuttgart-Bad Cannstatt**: Dieter Zaiß, **Ulm**: Griesbadmichel, **Wangen**: Maria Neff.

Bayern (24)
Aschaffenburg: Kapperich, **Bamberg**: Humsera, **Coburg**: Gurken Alex, **Deggendorf**: Sammer Xidi, Karmann-Schorsch, **Lauf**: Heindl Bärbel, Bimberla, Gänskrong, Xaverler, Kelheim: Pölsterl, **München**: Karl Valentin, Lisl Karlstadt, Prangerl, Franz Xaver Krenkl, Sigi Sommer, Tauben-Marie, Weiss Ferdl, Monaco Franze, **Neustadt bei Coburg**: Maler Schulz, **Nürnberg**: Marcharedd, **Regensburg**: Schmalzler Franz, Krebshaut, Mozartl, Wusti Wusti.

Quellennachweis:

Bilder: Richard Deiss,
<u>sowie:</u> Fabian Lukowski (Schwerin, Felten) , Nick Snipes (Berlin: Carl Bolle, Onkel Pelle; Ueckermünde: Fidel Schultz, Prenzlau: Paasche)

Texte: Informationen zu den Texten

Wikipedia wurde häufig als Quelle genutzt, vor allem bei Originalen, die mit 🗎 gekennzeichnet sind.

<u>Weitere Online-Quellen:</u>

Eckensteher Nante, Berlin
http://www.nante.de/nante_geschichte.html
https://de.wikipedia.org/wiki/Eckensteher_Nante

Heinrich Zille, Berlin
https://de.wikipedia.org/wiki/Heinrich_Zille
https://www.stadtmuseum.de/objekte-und-geschichten/heinrich-zille

Hauptmann von Köpenick, Berlin
https://de.wikipedia.org/wiki/Hauptmann_von_K%C3%B6penick

Eiserner Gustav, Berlin
www.deutschlandfunk.de/vor-90-jahren-der-eiserne-gustav-trifft-mit-seiner-droschke-100.html
https://de.wikipedia.org/wiki/Gustav_Hartmann_(Droschkenkutscher)

Fritz Bollmann, Brandenburg
https://www.stadt-brandenburg.de/stadt/sehenswertes/bollmannbrunnen

Rika Paaschen, Prenzlau
https://www.prenzlau.eu/cms/detail.php/land_bb_boa_01.c.421911.de

Spremberger Originale
https://spremberg.de/tourismus-kultur/unterhaltung/spremberger-originale/detail/100418

Emma Pufahl, Königs Wusterhausen

https://frauenorte-brandenburg.de/emma-pufahl/

August Felten, Schwerin

https://schwerin-lokal.de/schweriner-originale-der-kleine-mann-mit-dem-besen/

Fidel-Schultz, Ueckermünde

https://www.ueckermuende.de/portal/seiten/bronzefiguren-skulpturen-900000172-34850.html

Guste Trahn, Grabow

https://www.komoot.com/de-de/highlight/3716013

Brocken-Wirt Hans Steinhoff

https://www.volksstimme.de/sachsen-anhalt/erinnerung-an-den-brockenwirt-bronzetafel-auf-dem-gipfel-796242

Zither Reinhold, Halle

https://musikkoffer-sachsen-anhalt.de/musik-leben/zither-reinhold-in-halle/

Blumme-August

https://stadt-hirschberg-saale.de/inhalte/stadt_hirschberg/_inhalt/amtsblatt/anzeiger2012/maerz2012

Zitronenjette, Hamburg

https://geschichtsbuch.hamburg.de/epochen/kaiserreich/die-zitronenjette/
https://www.hamburg.de/sehenswuerdigkeiten/3091834/zitronenjette/

Wasserträger Hummel, Hamburg

https://www.hamburg.de/sehenswuerdigkeiten/3091630/hummel-denkmal/

Aalweber

https://eppendorf.jimdofree.com/originale/
https://de.wikipedia.org/wiki/Aalweber

Heidi Kabel, Hamburg

https://www.hamburg.de/sehenswuerdigkeiten/3320686/heidi-kabel-platz/
https://de.wikipedia.org/wiki/Heidi_Kabel

Hanne Kleine, Ritze

https://www.zurritze.com/geschichte

Stutentrine und Markgraf, Rendsburg

https://de.wikipedia.org/wiki/Stutentrine_und_Markgraf

https://sh-kunst.de/frauke-wehberg-stutentrine/

Heini Holtenbeen, Bremen

https://www.bremen.de/tourismus/heini-holtenbeen

https://de.wikipedia.org/wiki/Heini_Holtenbeen

Mudder Cordes, Bremen

https://www.boell-bremen.de/de/2020/07/20/ein-mudder-cordes-platzes-fuer-bremen

https://de.wikipedia.org/wiki/Mudder_Cordes

Harfen Agnes und Rechen-August, Braunschweig

https://www.braunschweig.de/leben/stadtportraet/geschichte/bs-originale.php

Marktfrau Duhnsen, Hannover

https://www.hannover.de/Kultur-Freizeit/Freizeit-Sport/Echt-hann%C3%B6ver-sch/Zehn-Dinge/Zehn-Denkm%C3%A4ler-in-Hannover,-die-man-schnell-%C3%BCbersieht/Die-Marktfrau

Bine Gaßmann, Göttingen

https://shs-goettingen.jimdofree.com/%C3%BCber-uns/unsere-yachten/geschichte/

Schicke-Schacke, Peine

https://www.paz-online.de/lokales/peine-lk/peine/karl-kaufmann-alias-schicke-schacke-7UDJUT4VHPIM5IACKDCUS3HL3I.html

Tante Mieze, Westerstede

https://ammerlandblog.com/2022/05/13/wer-war-eigentlich-tante-mieze/

Weitere Bücher des Autors bei books on demand,
www.bod.de

in der Reihe **Denkmäler für Stadtoriginale**

84

Bienenkönig und Zementgretchen
77 Städtische Originale tief im Westen Deutschlands und ihre
Denkmäler, Norderstedt 2024

Knoblauchkönig und Pfefferminzje
Städtische Originale in Rheinland-Pfalz, in Hessen, im Saarland
und in Thüringen und ihre Denkmäler
Norderstedt, 2024

Blumepeter und Taubenmarie
Denkmäler für städtische Originale im Südwesten und Süden
Deutschlands
Norderstedt 2024

Dikke Pie und Waluliso
Denkmäler für Originale in Europa
Norderstedt 2024